10. Buch

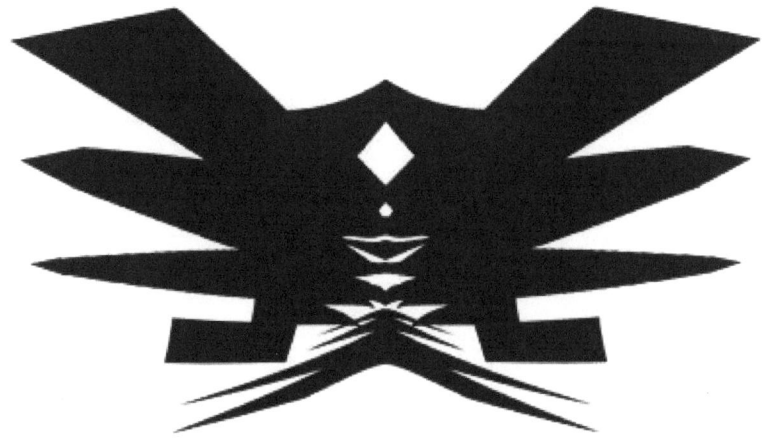

Bildband mit Lyriks und Texten

Für meinen Ehemann

Alle in diesem Buch enthaltenen Rechte sind der
Autorin vorbehalten.

Autorin: Tanja M. Feiler
Cover: Tanja M. Feiler
Bilder: Tanja M. Feiler

Lied 11

vor nicht allzu langer zeit hat mein mann festgestellt, dass in facebook ein gravierender fehler sein unwesen treibt, und zwar das lol. Lachen sich fb freunde gegenseitig aus? Es ist doch eher ein laut los lachen, also llol. Die logik siegt, also uebernommen. Das ist jedenfalls mein 11. buch. da beknanntlich, als man noch cds hoerte, brauchte man sich keine sorgen zu machen, wenn lied 11 kam. Lied 11 war grundsaetzlich zu 99 prozent ein guter song. Heute ist jedoch der bezug zu lied 11 verloren gegangen, denn pc und i – phone spielen die musik, mp3s, also ich weiss jedenfalls nicht mehr, wann lied 11 kommt. Lied elf – bei den neumodigen schriftzügen könnt man fast lied zwei lesen, nein lied elf!

Cuties :) Part I

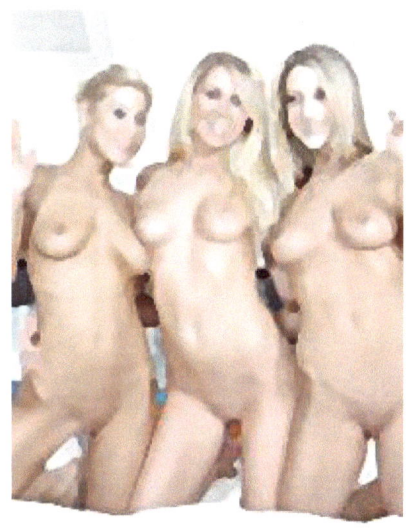

Süss und knuddelig sind die Cuties, ihr wisst nicht was Cuties sind? Übersetzt aus dem englischen bedeutet das wort. Süss, knuddelig, niedlich. Berühren zart die Sinne. Ich fühl mich dann wie unter Schwestern, wenn wir uns die lieben Mädchen ansehen.

Sie gehört zur Familie!

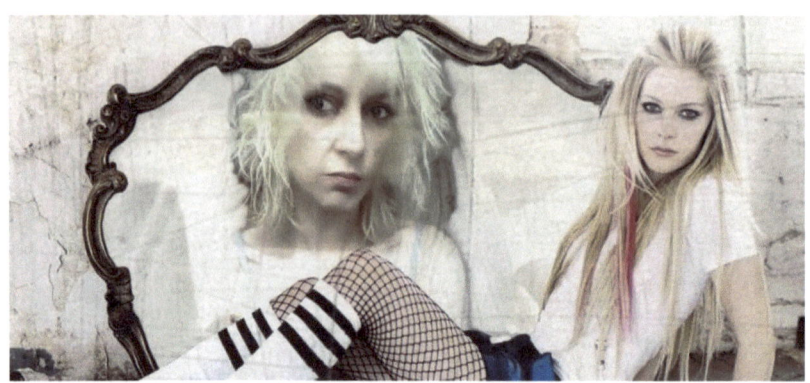

Irgendwann hat sie sich auf Darks Nokia Smartphone geschmuggelt und ging nicht mehr weg: Avril!

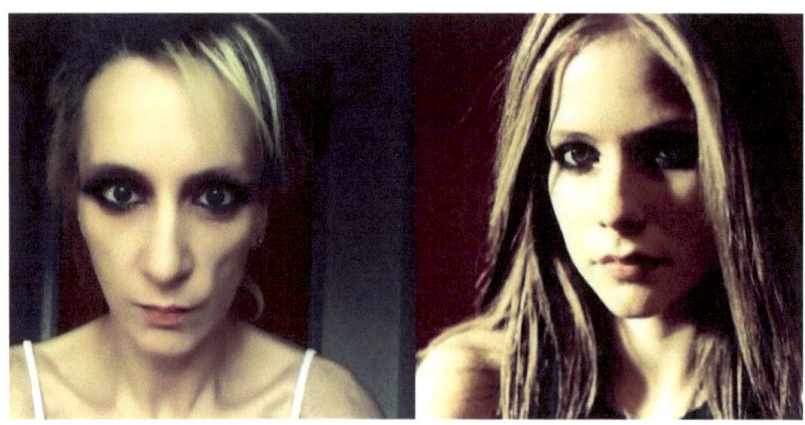

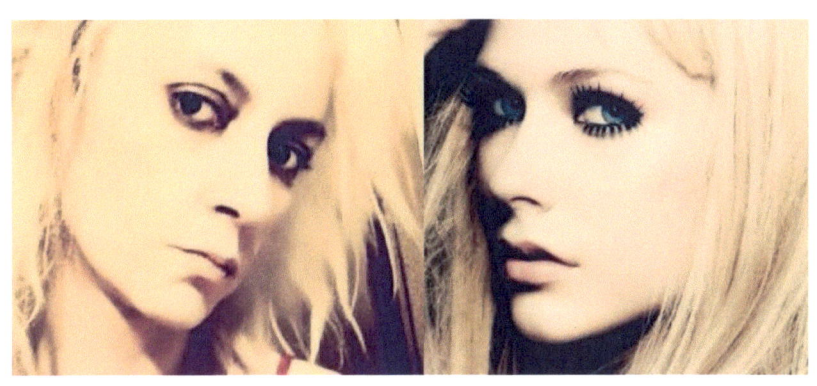

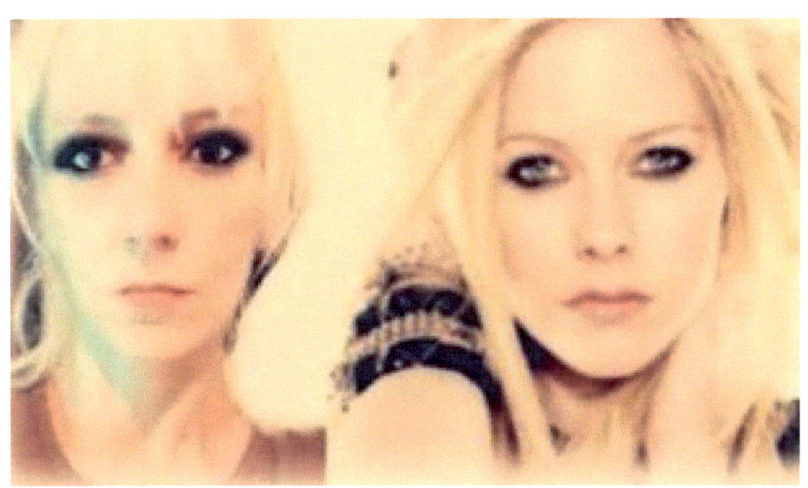

Candices!

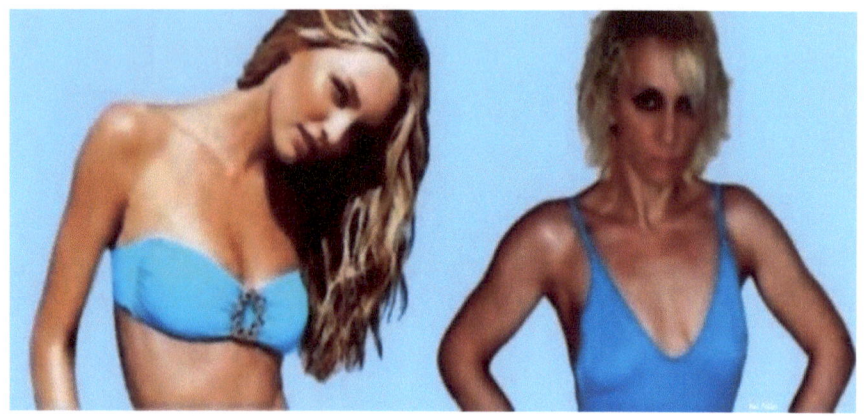

Celebrities
Candice
Das ist
Sie ist ein Model
Und eine Frau
Passt genau
Wie eine Schwester ja
Da ist klar
dass Dark
sagt
„komm in meine Arme Candice"

Anleitungen auf You Tube!

Braucht man schnell eine technische Anleitung und ist es leid, sich PDF Manuale herunterzuladen, guggt man sich auf You Tube an, wie das Problem zu lösen ist. Doch das ist nicht immer erfolgversprechend! Bespiel Dual – Sim Mobiltelefon und keine Ahnung, wie die zweite Sim reingehen soll. Bei You Tube gibt's zu diesem Thema einen Beitrag und der ist „Nicht verfügbar". Warum? Steht nicht dabei. Oft sind die Beiträge im Heimatland nicht verfügbar, das ist dann halb so schlimm, die IP gesaved, kurz sicherheitshalber wie bei jedem technischen Störfall PC runter und wieder hochfahren und schon geht's.

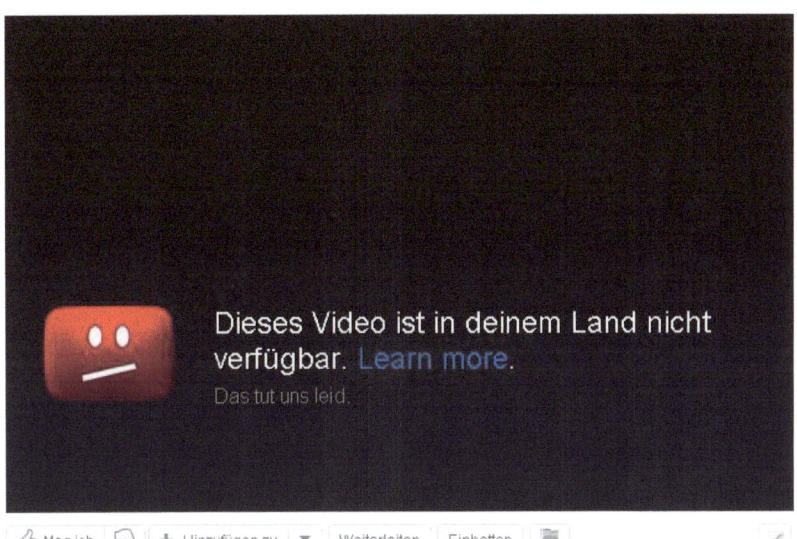

Cuties Part II

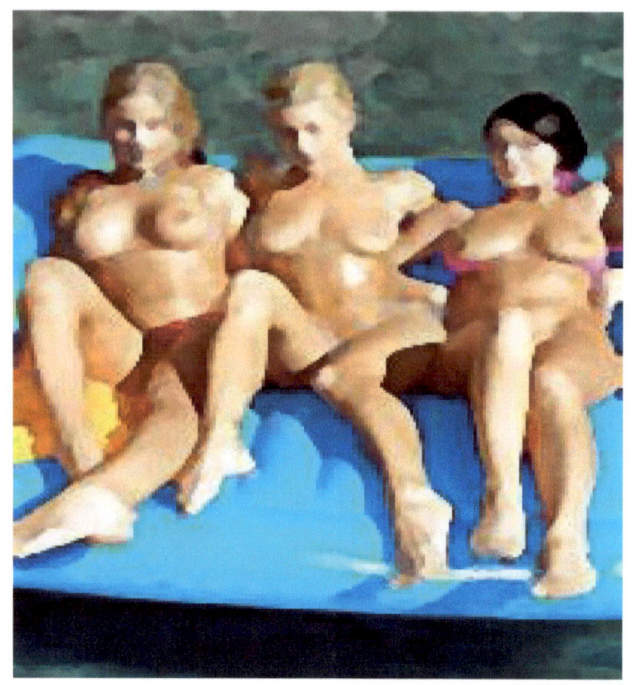

...☺

Selfies!

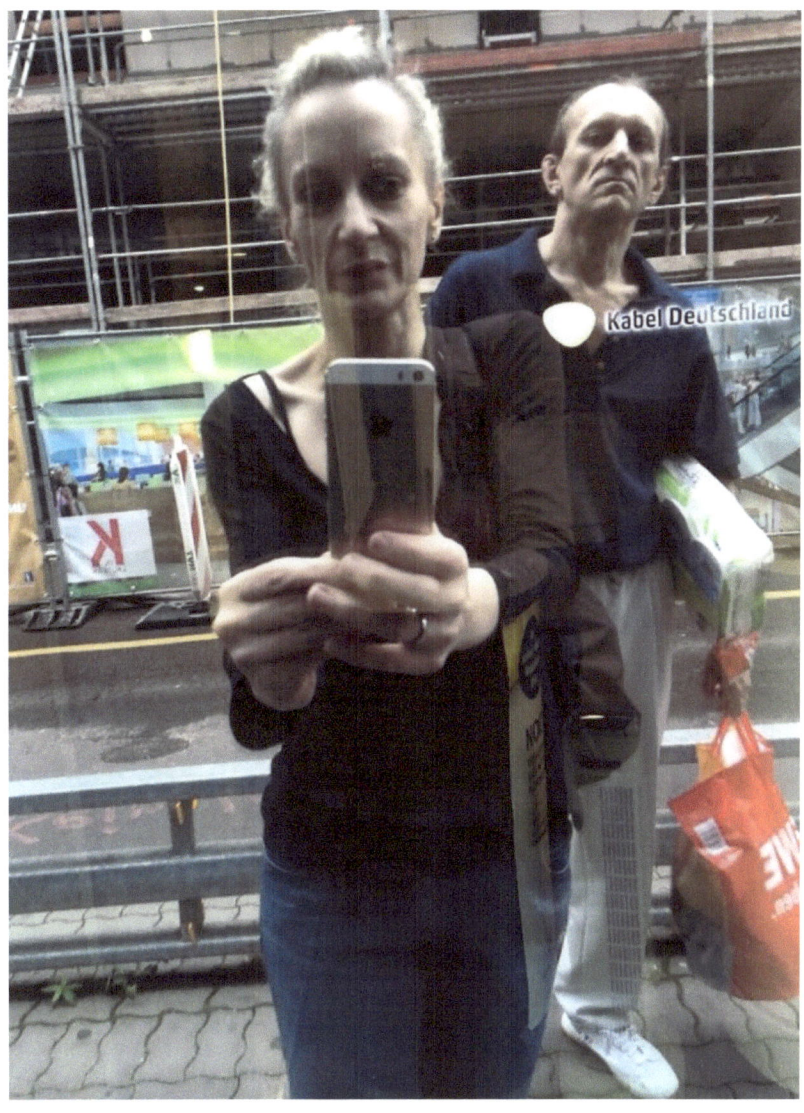

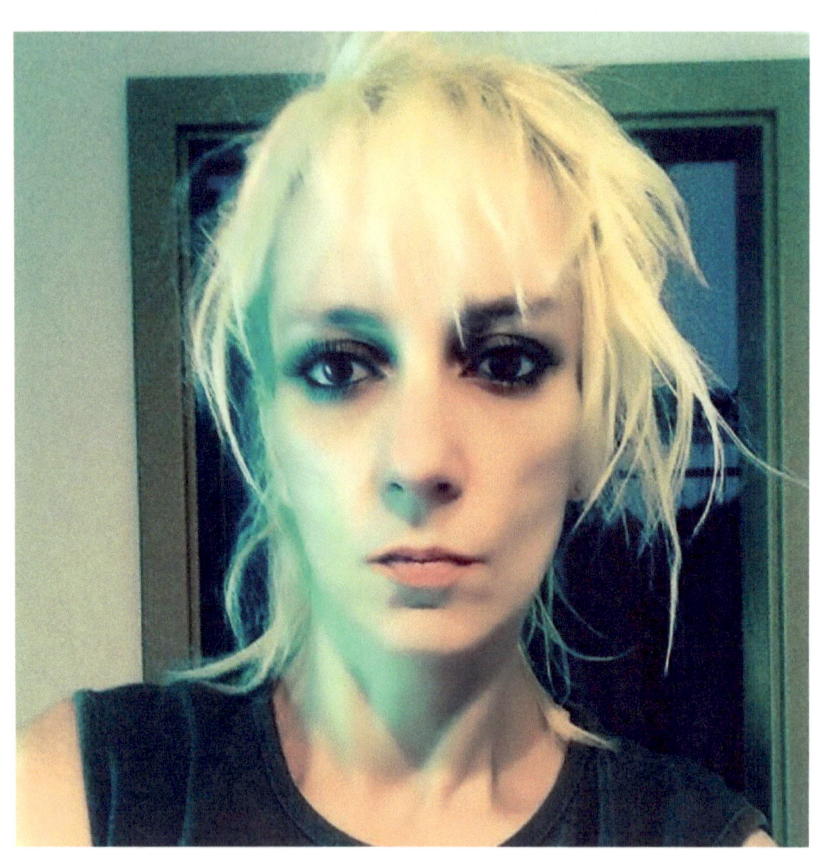

Bilderbuch!

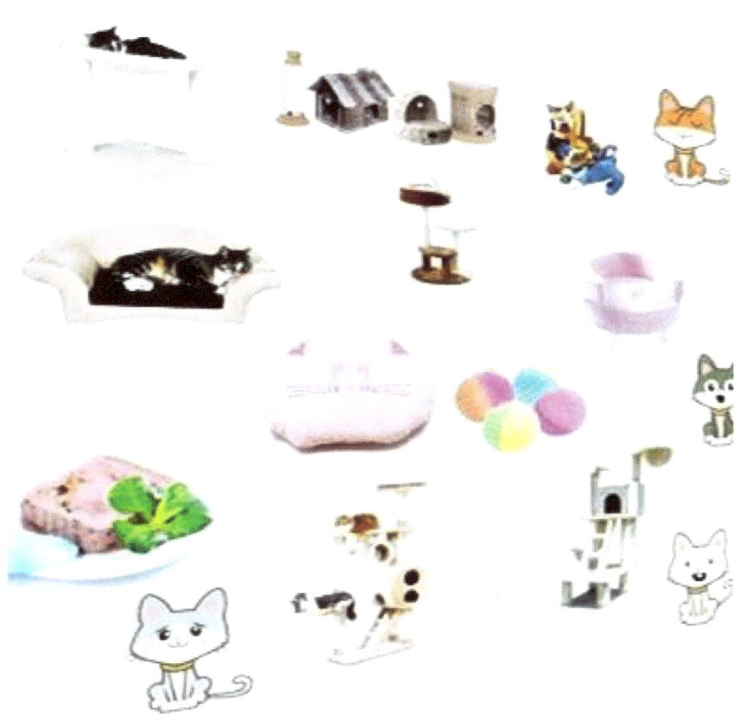

Ich habe festgestellt, dass es die Illustrationen sind, die einem Buch etwas besonderes verleihen. Dieses Pic ist eins, das ich für „Kittys Abenteuer" gemacht, aber nicht benutzt habe.

Kitty!

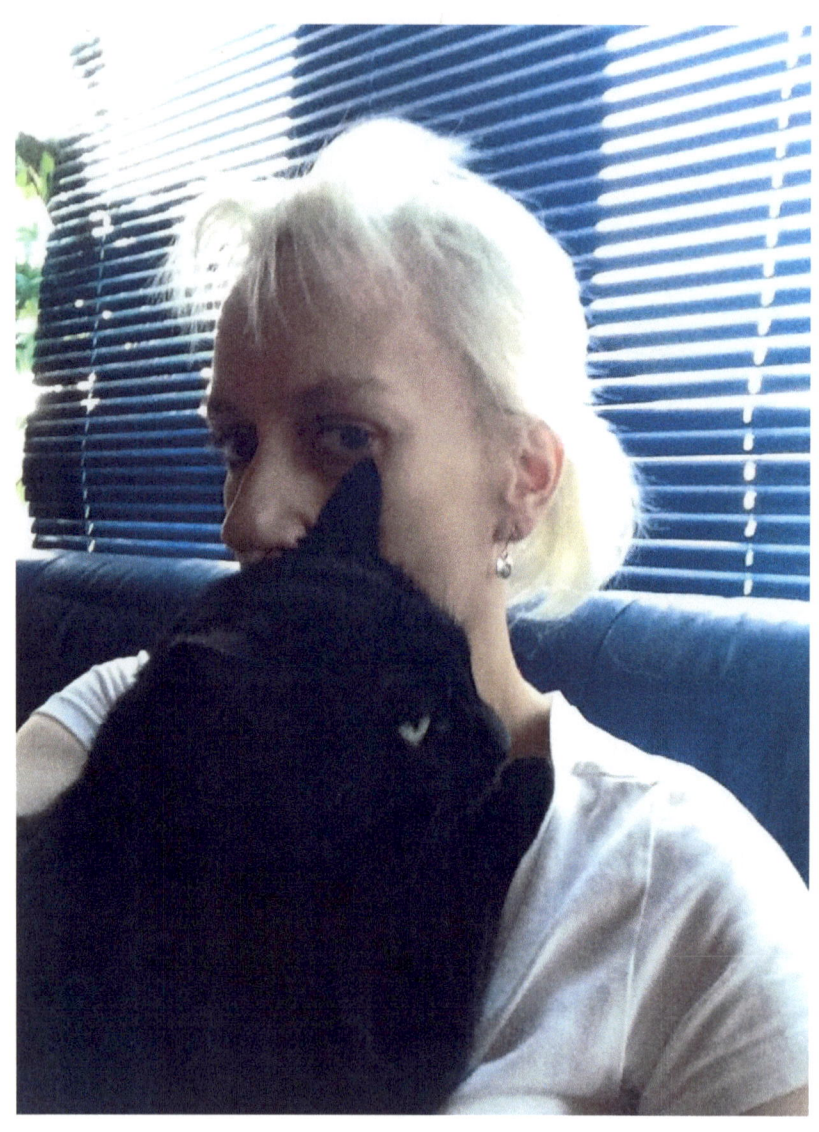

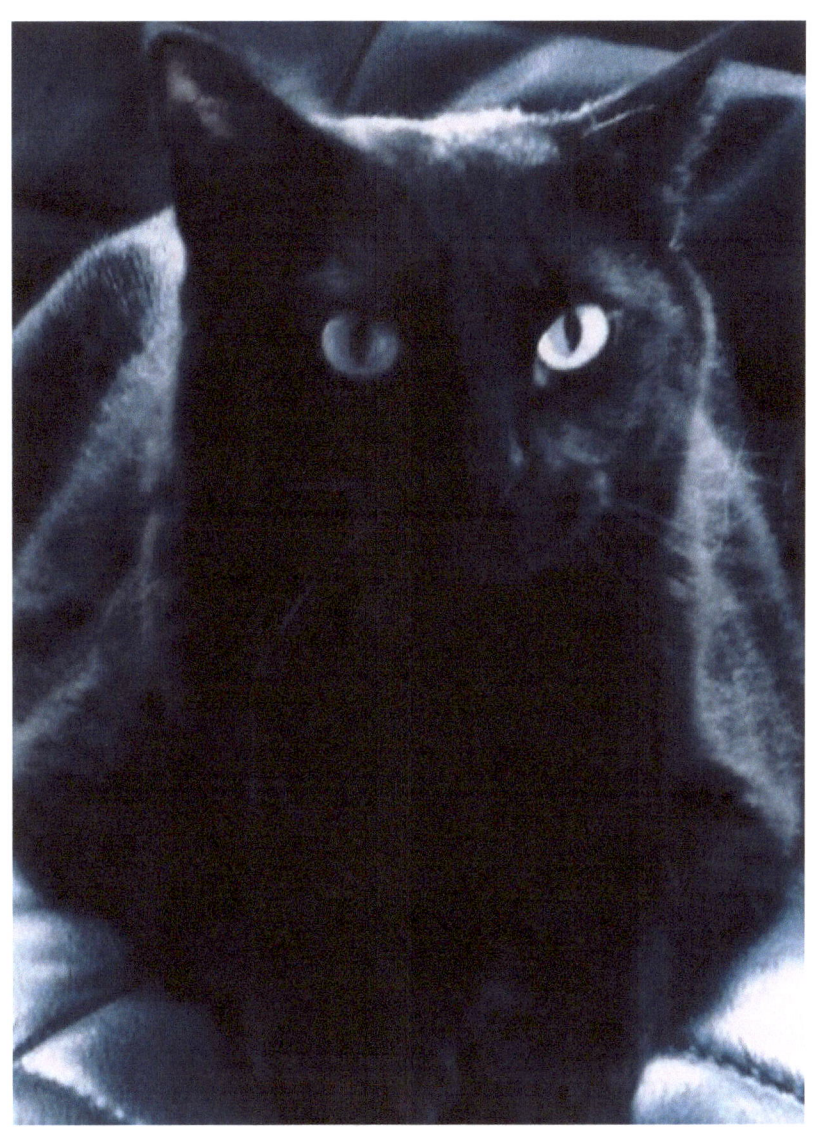

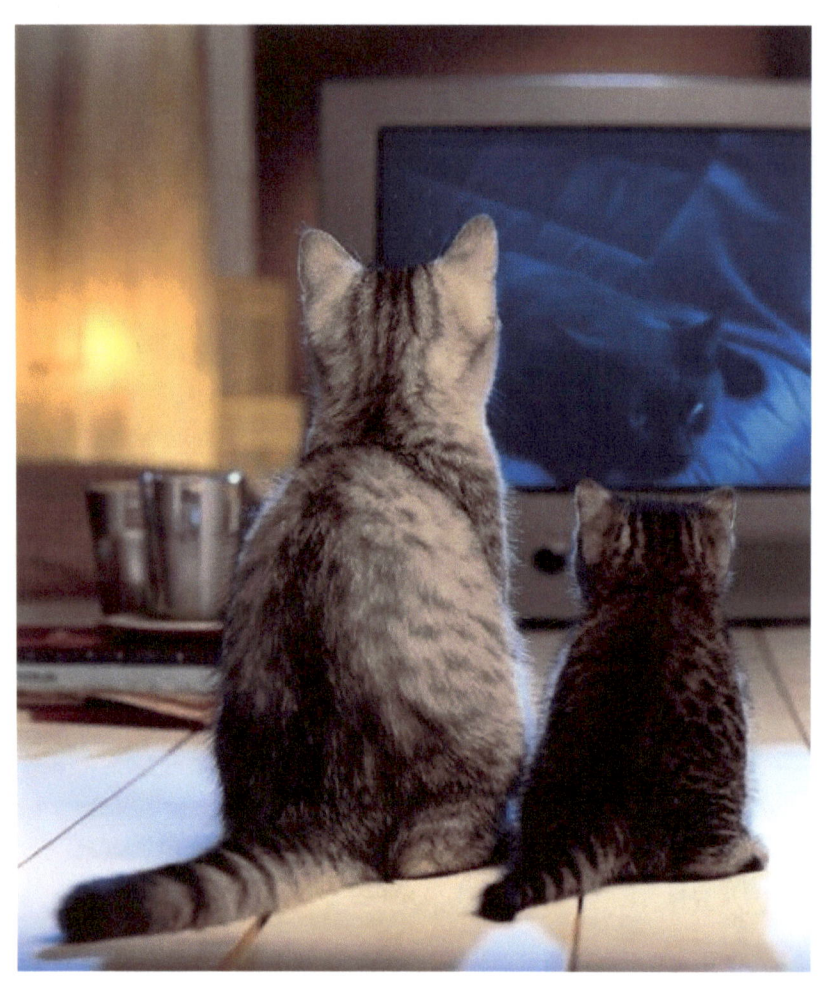

Funny!

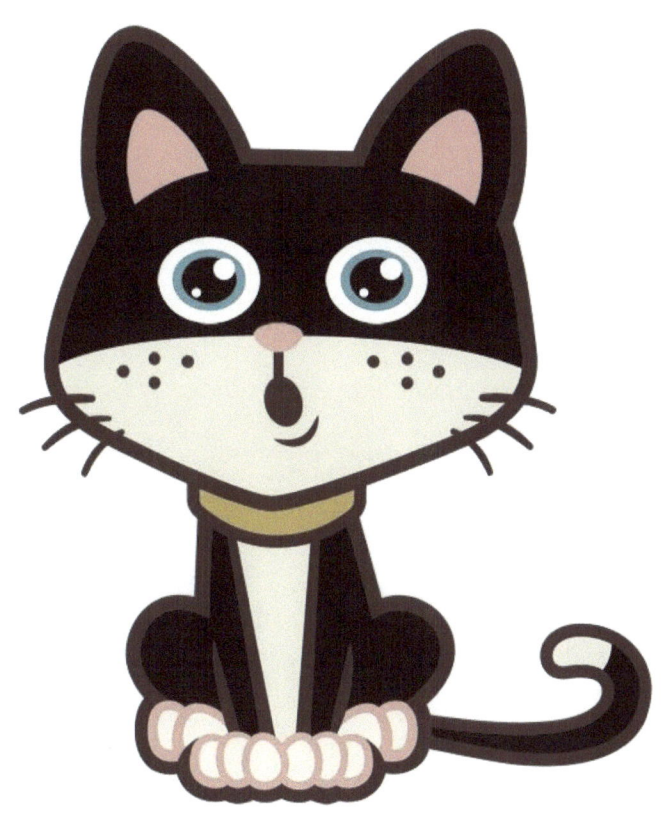

Die Schreibmaschine!

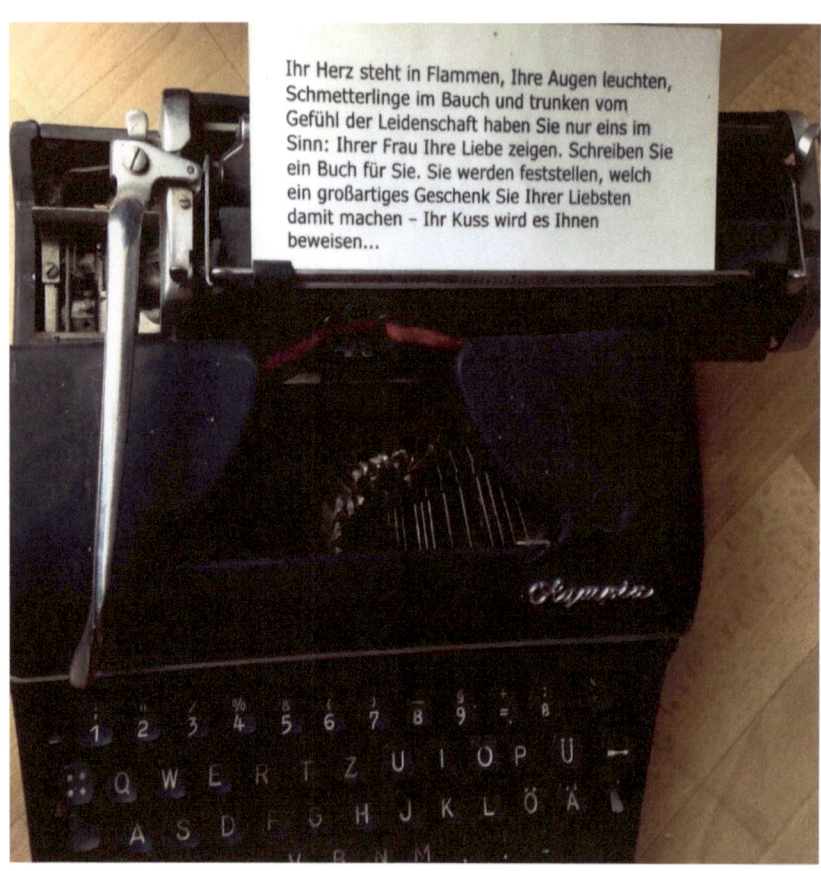

Ihr Herz steht in Flammen, Ihre Augen leuchten, Schmetterlinge im Bauch und trunken vom Gefühl der Leidenschaft haben Sie nur eins im Sinn: Ihrer Frau Ihre Liebe zeigen. Schreiben Sie ein Buch für Sie. Sie werden feststellen, welch ein großartiges Geschenk Sie Ihrer Liebsten damit machen – Ihr Kuss wird es Ihnen beweisen...

Diese Schreibmaschine hat den richtigen Namen, Olympia, denn es ist eine hohe Leistung, mit diesem Modell ein Buch zu schreiben. Keine Möglichkeit der Korrektur, bleiben zwei Möglichkeiten: Entweder ein Blatt tausend Mal tippen, bis es endlich fehlerfrei ist, oder von vorneherein hochkonzentriert genau arbeiten, d.h. keinen Fehler machen. Das ist nicht nur eine Herausforderung an richtige Rechtschreibung, Grammatik, Satzzeichen, sondern auch an Formulierung, die Story überhaupt.

4!

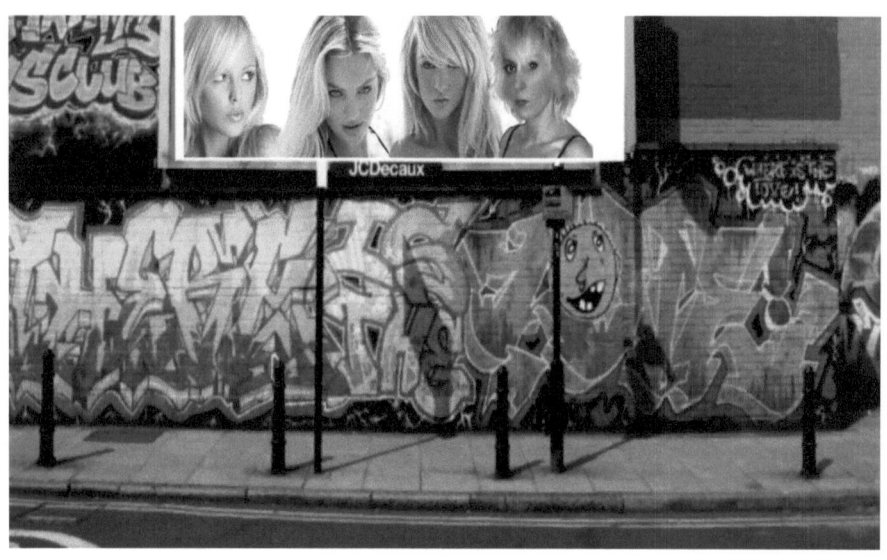

Eier, Brot und Milch!

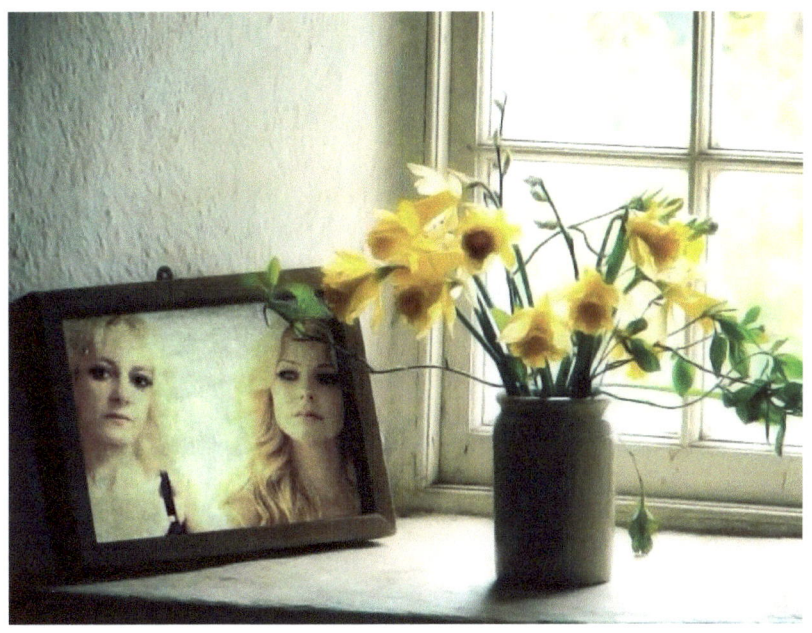

„Bestellen wir was?" „Es ist nach 23 Uhr, zu spät"
Und was noch zu essen da ist, Eier, Milch und
Brot. Also gibt's Spiegeleier.

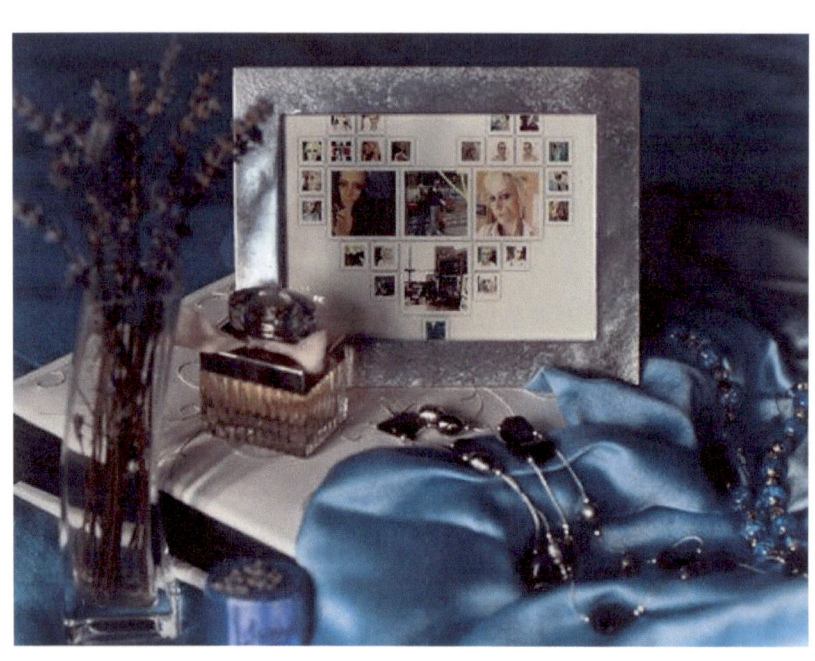

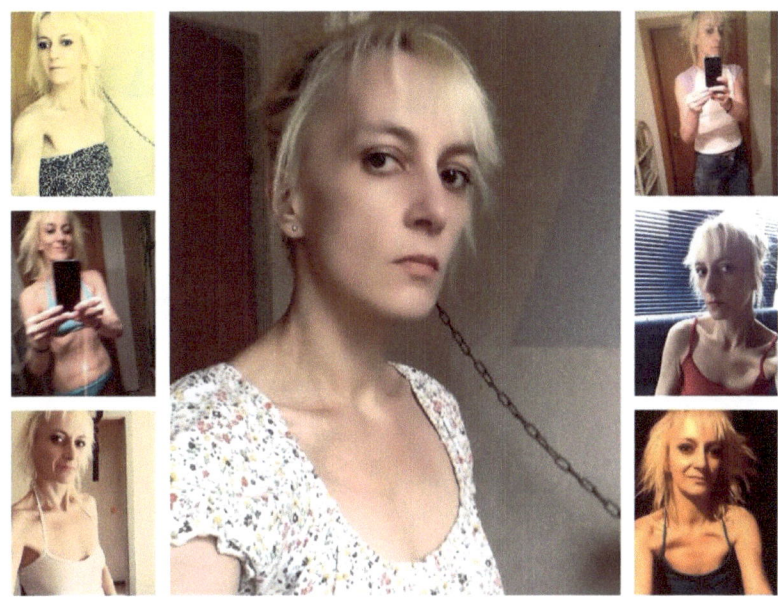

Celebrities!

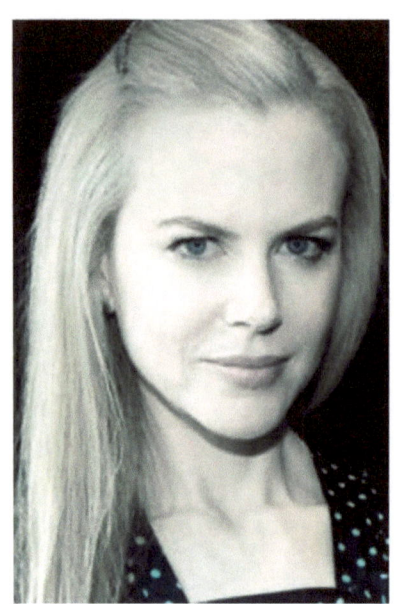 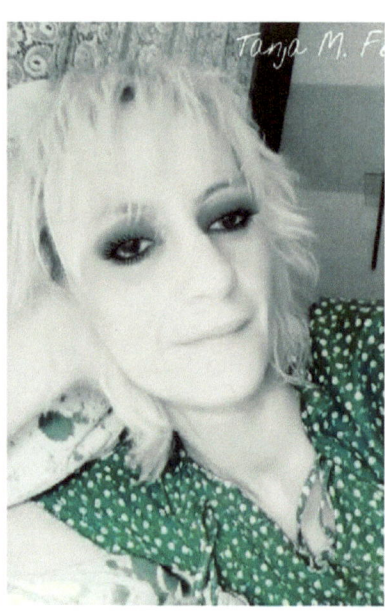

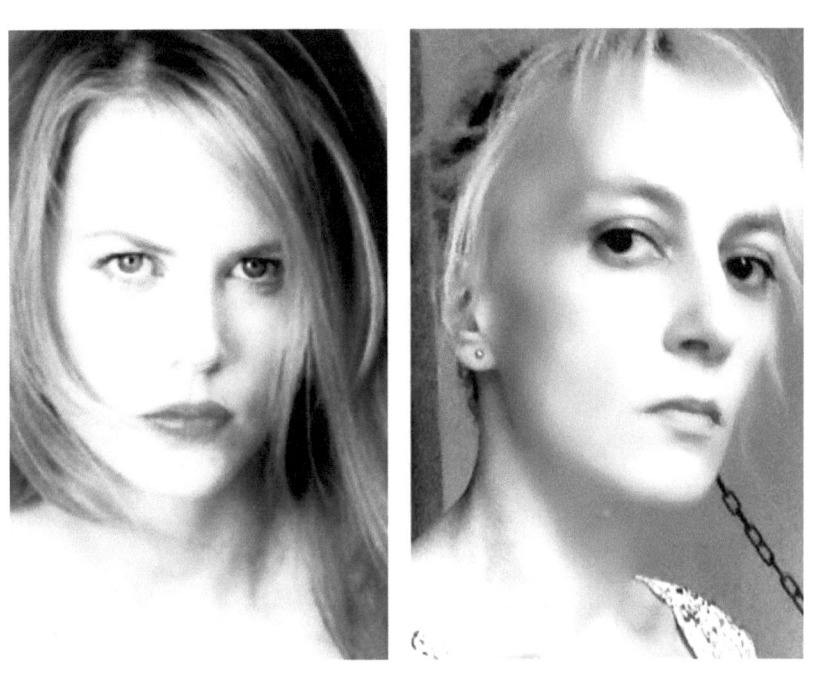

DLFV

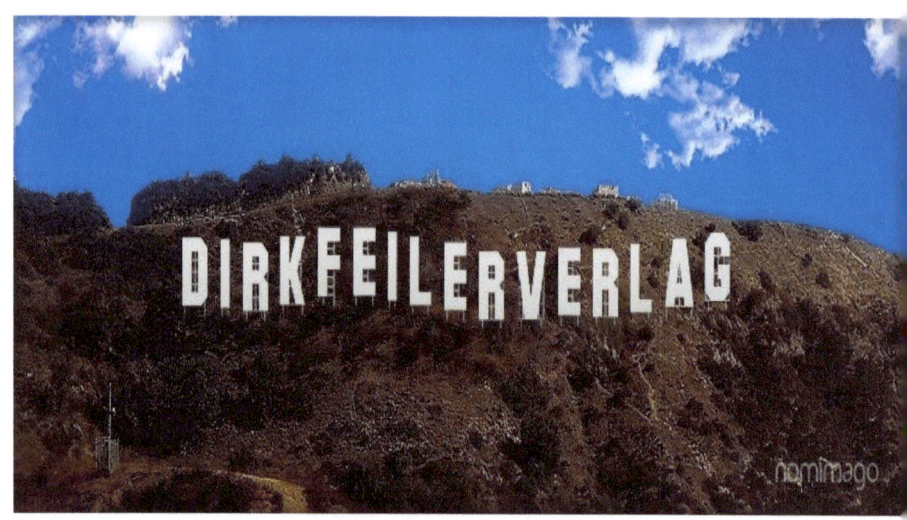

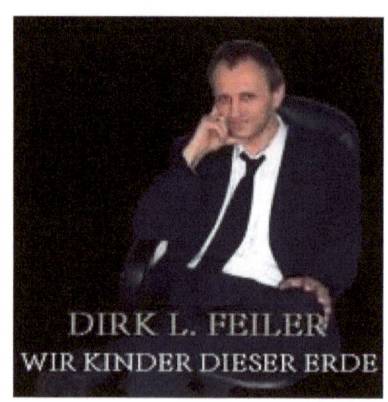

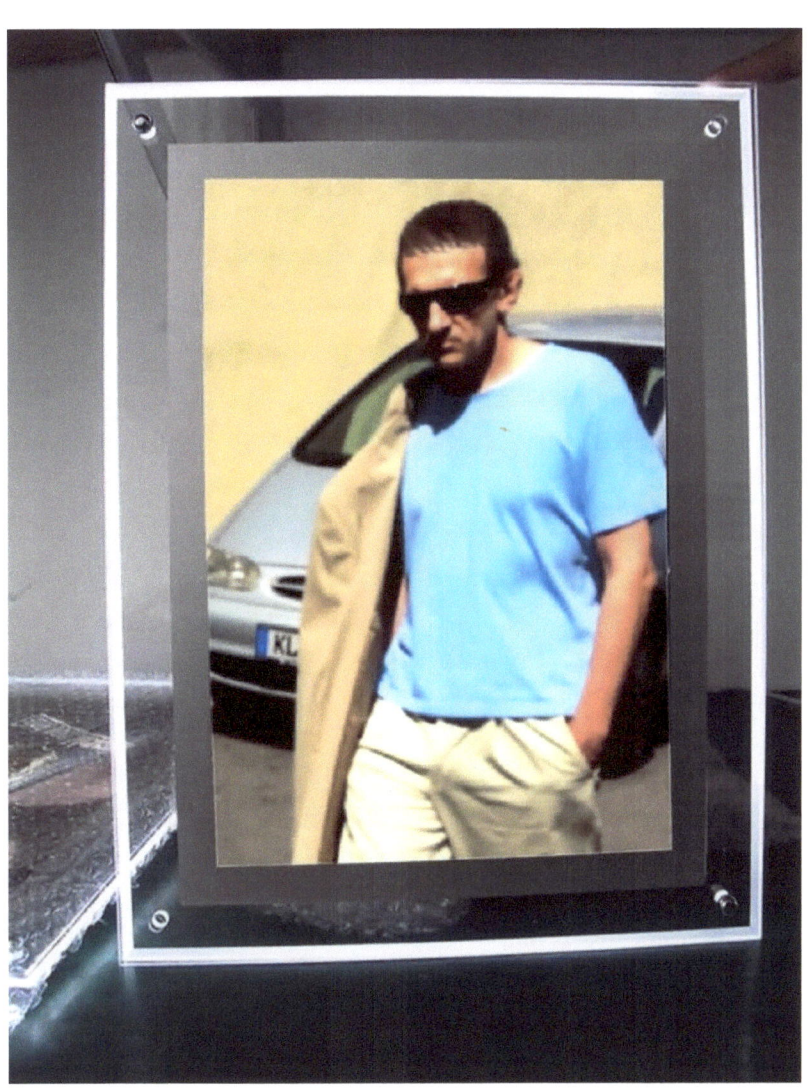

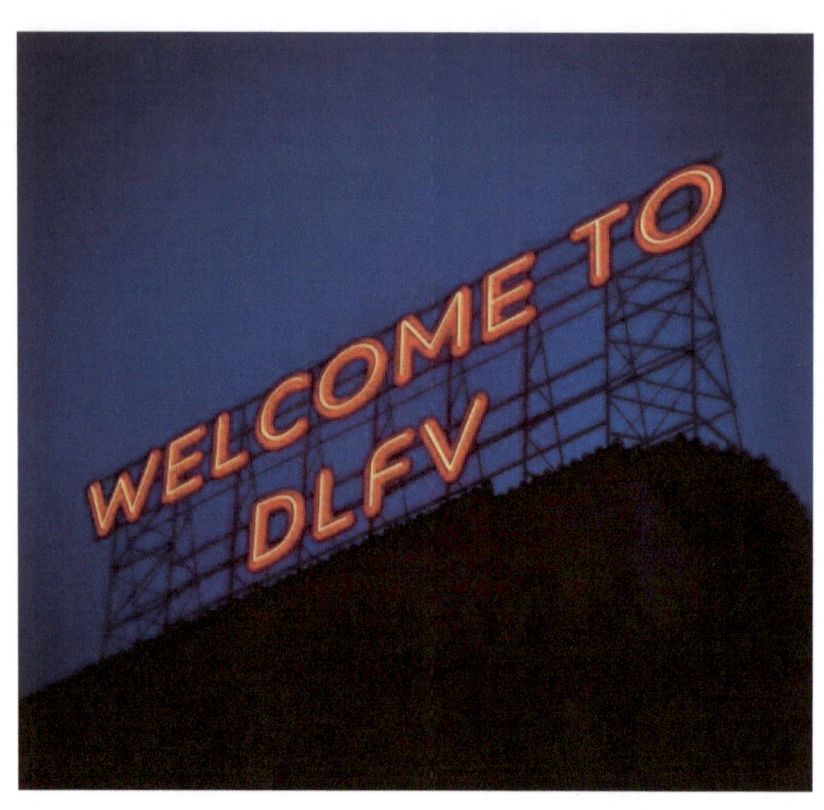

Kitty II

Während ich am Kochen bin
Kommt es Kitty in den Sinn
Aus dem Fenster zu schauen
Und seltsam zu miauen
Ein Kater schaut herein
Tief in der Nacht ist er allein
Unterwegs.
Fasziniert schauen die zwei sich an
ich schleich mich heran
knips den Fremden
lässt sich vom Blitz nicht blenden
das Bild wird nichts
wegen des Blitzlichts!

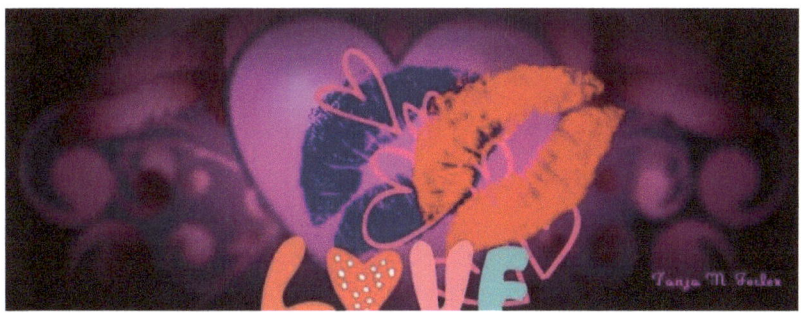

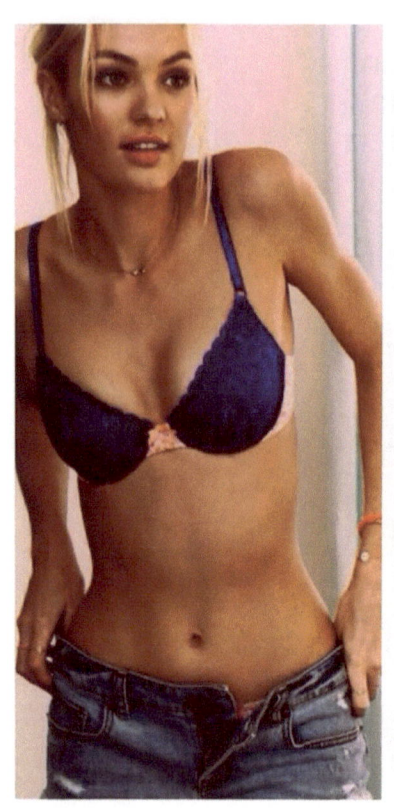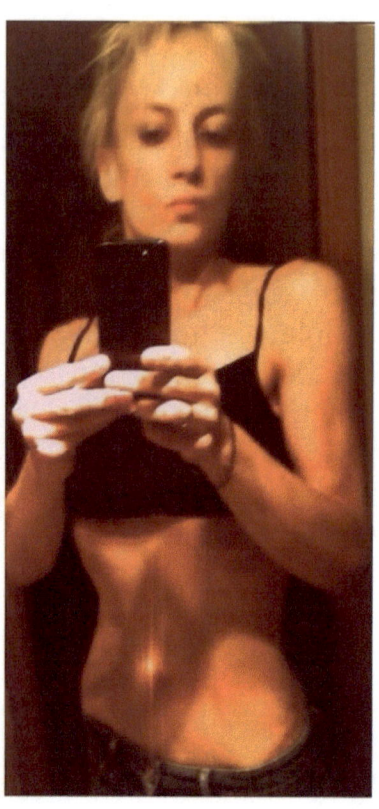

Phantasie!

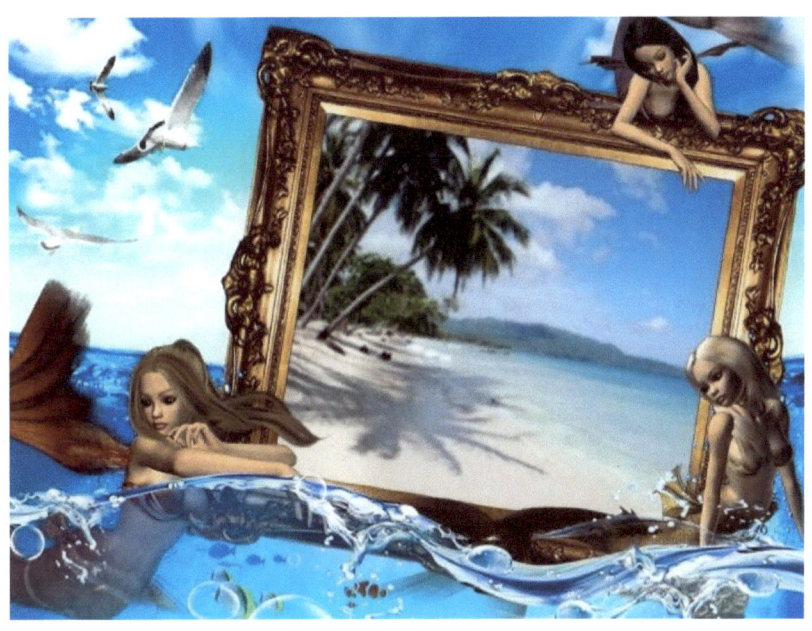

Ein Bild im Bild
Halten sie fest wie ein Schild
Pure Phantasie
Mit Photomanie!

Funny II

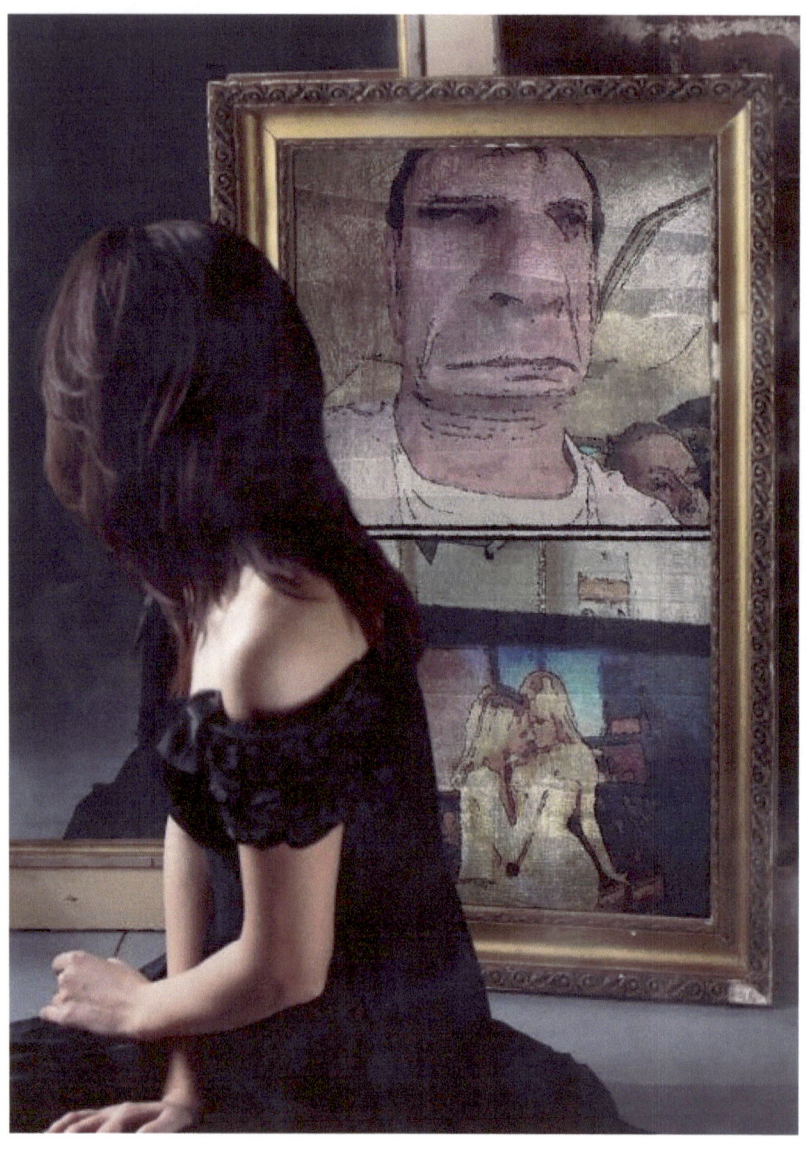

And more!

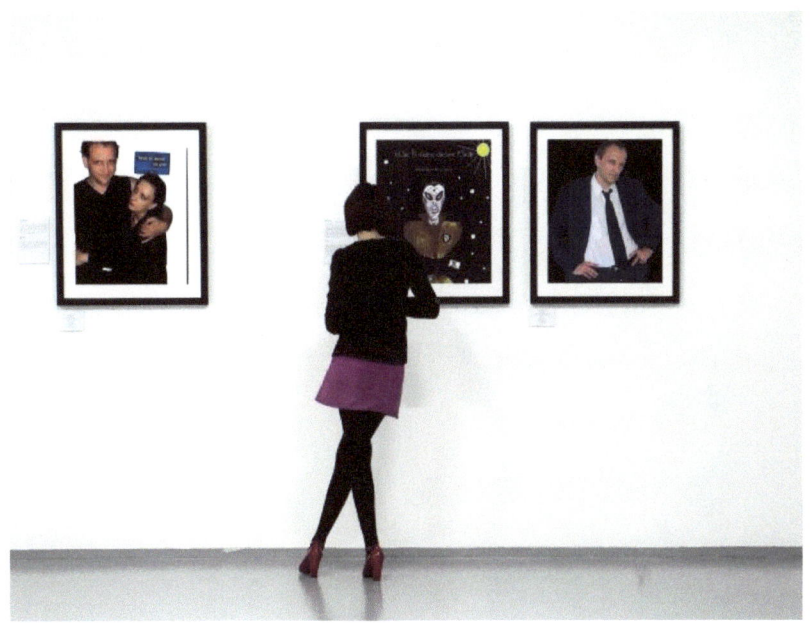

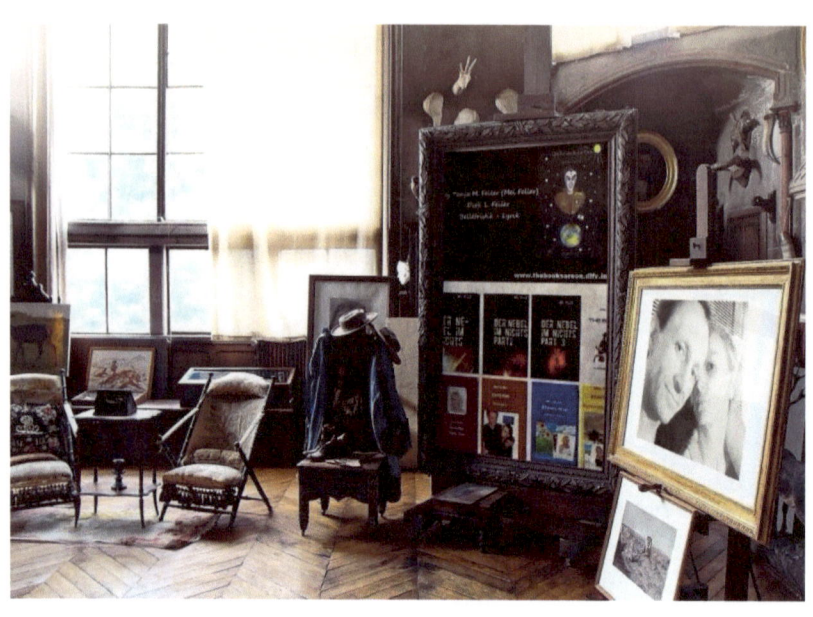

Books!

Writing Books tonight
That is right
Poetry is a drug
What a fuck
but it's the truth
you can loose
but you can also win
that's no sin
it's a question of view
what is to do
writing about what?
About that!

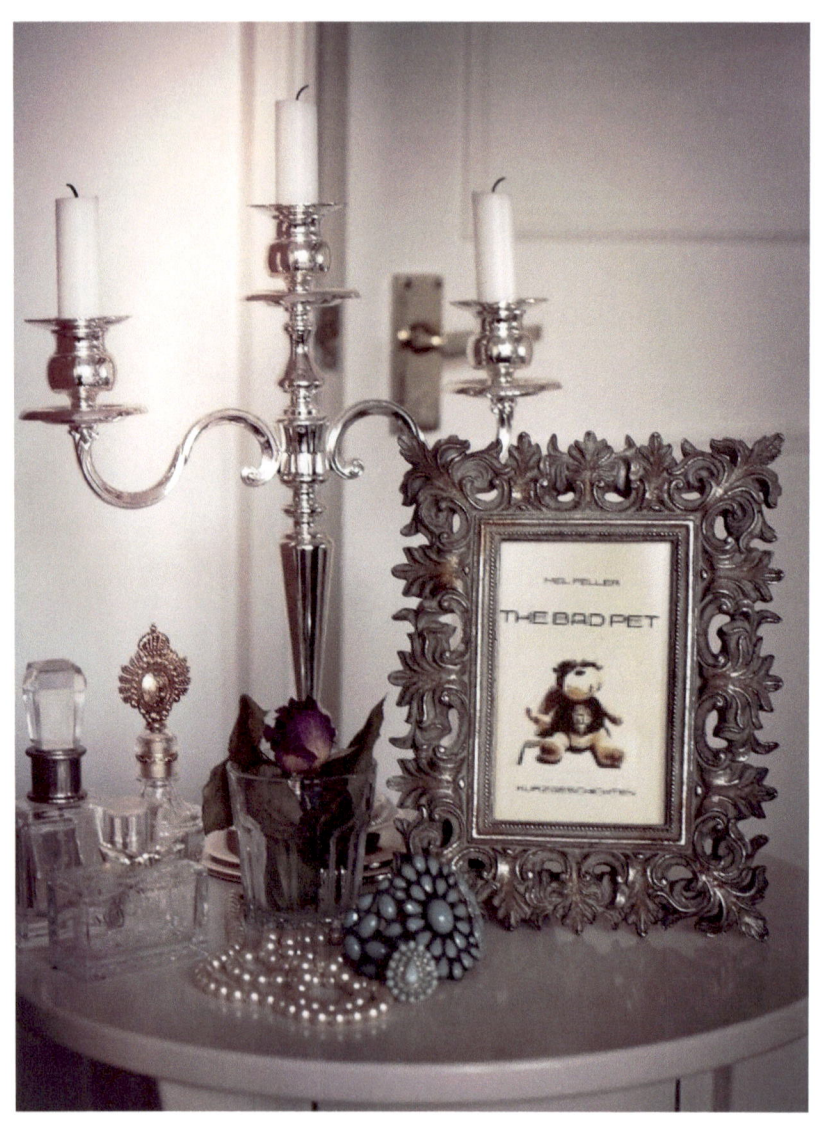

Bilder!

Gutscheincodes sind eine feine Sache. Die gibts auch für Bildabzüge, Photobücher…Nach Jahren virtueller Bilder, mal wieder echte Fotoabzüge in der Hand, und jetzt? Ab ins Album oder? Ein Album nehmen die Cuties in Beschlag, also hab ich heute eine Collage aus Pics gemacht – und natürlich nicht einfach an die Wand gehängt, nein, auf Darks Staffelei gestellt.

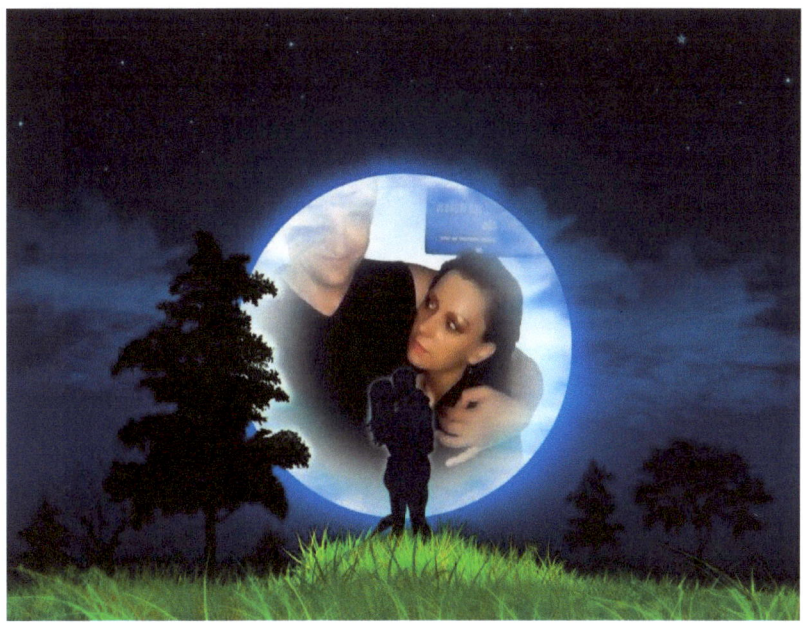

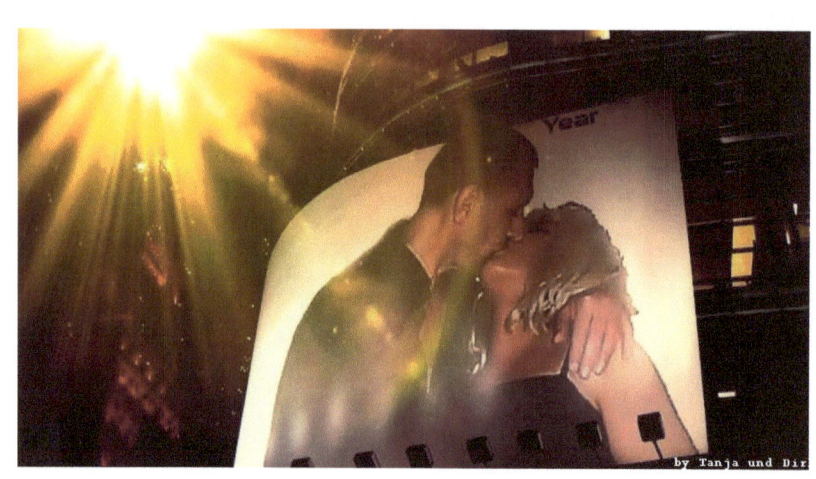

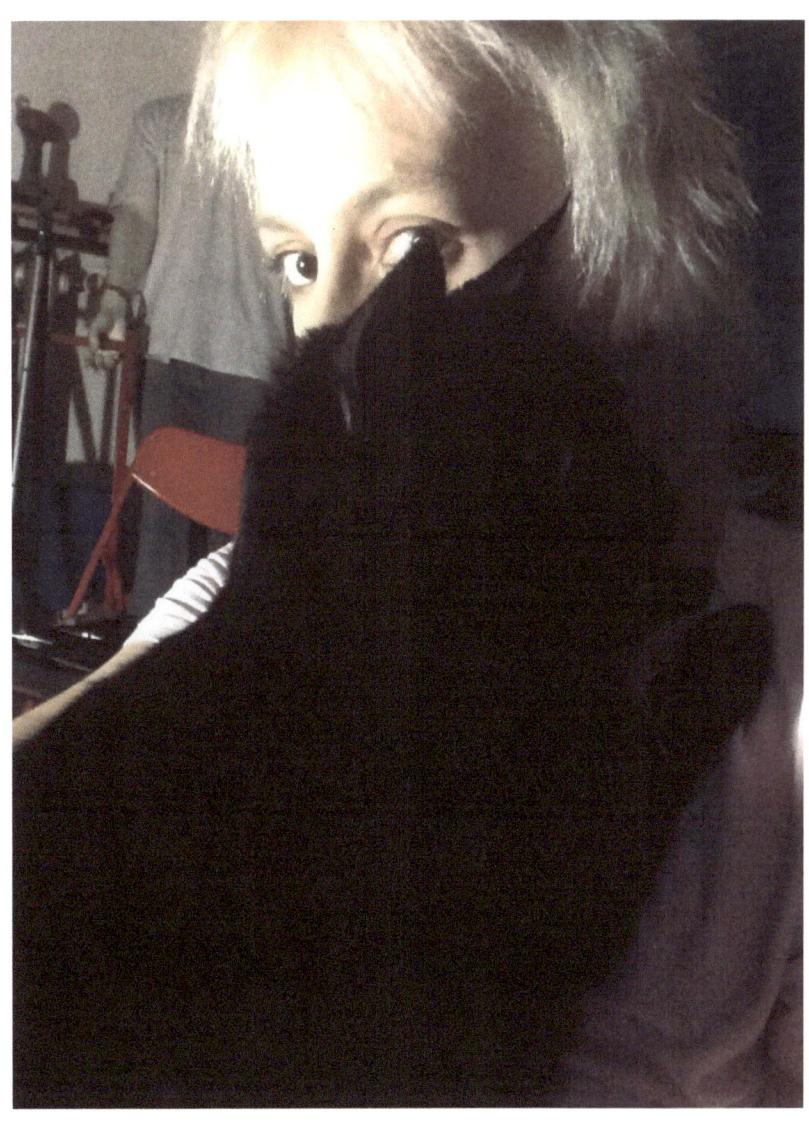

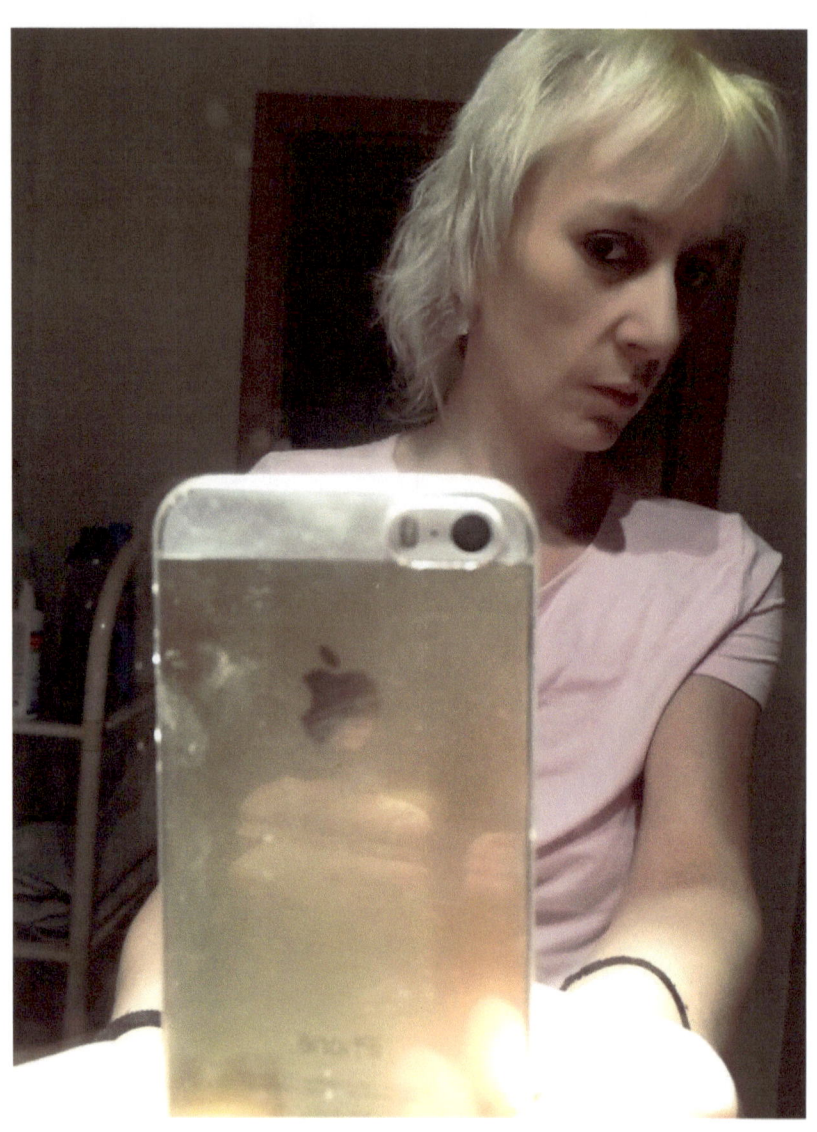

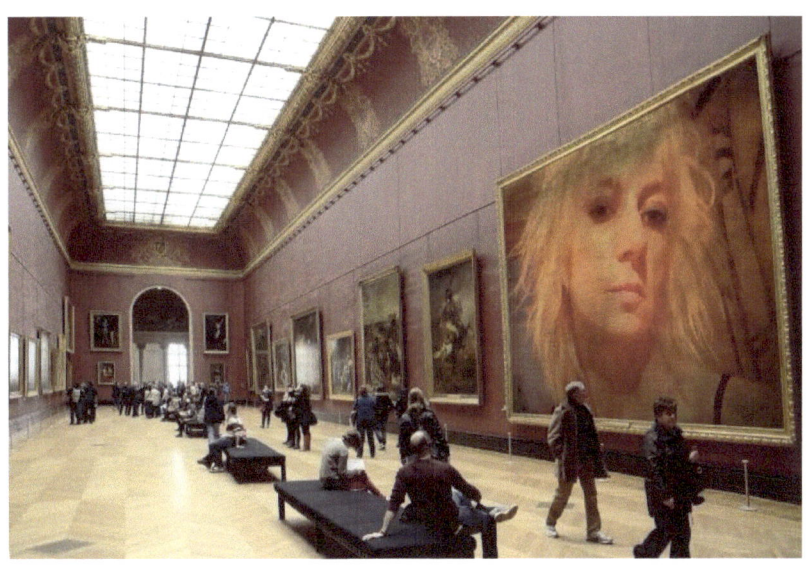

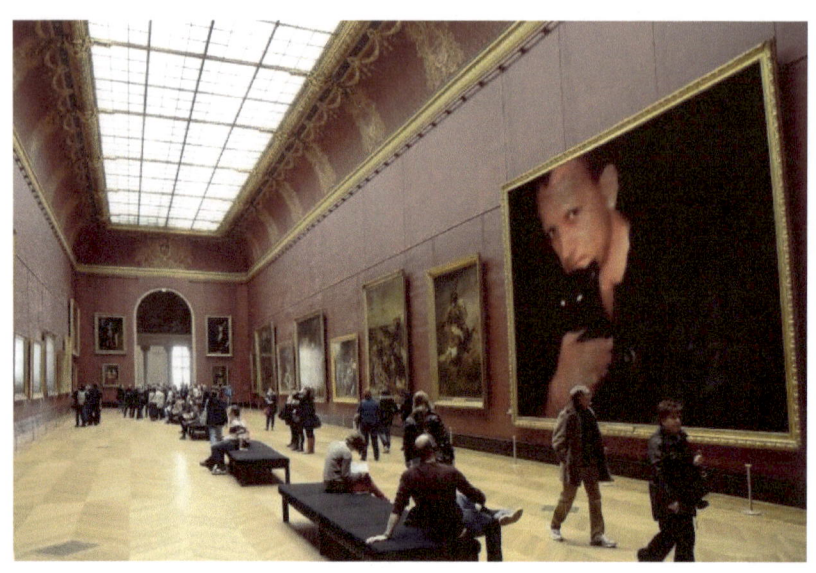

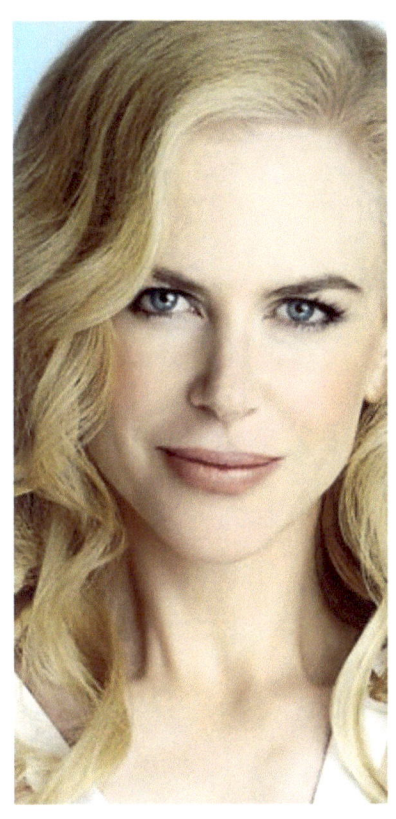 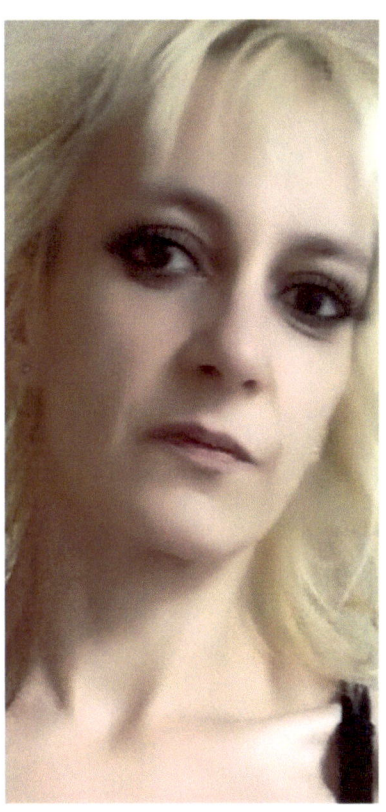

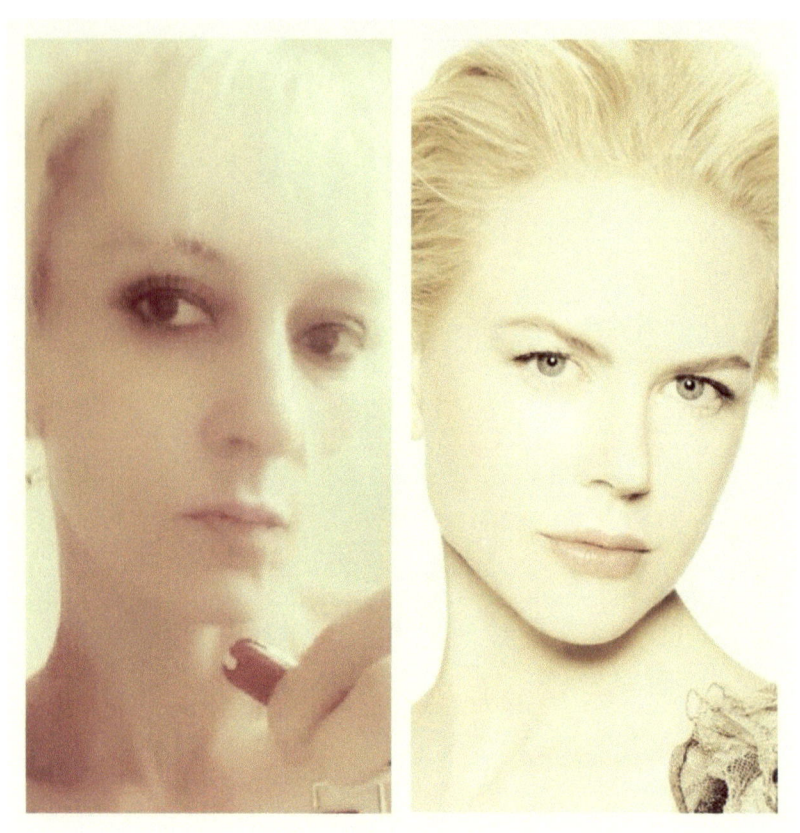

Lyrics!

Lyrics geben einen Kick
Zu überlegen, reimen, schreiben
Wird das Gedicht so bleiben?
Oder doch etwas verändern vielleicht
Bricht das Eis
So wird aus der Kunst zu dichten
Komplexe Geschichten!

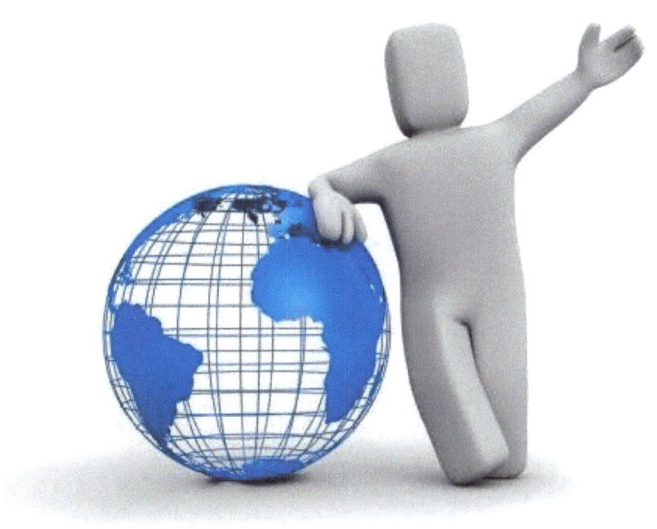

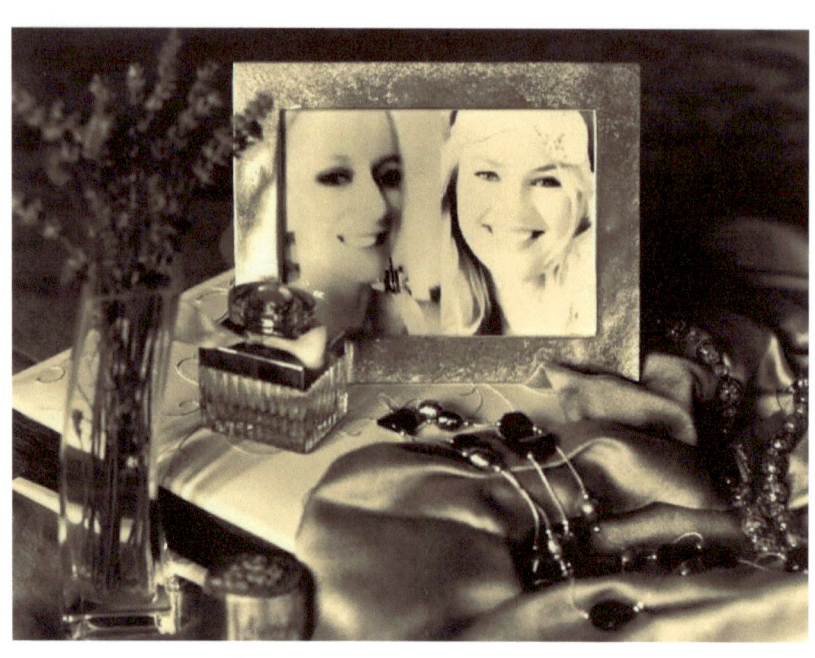

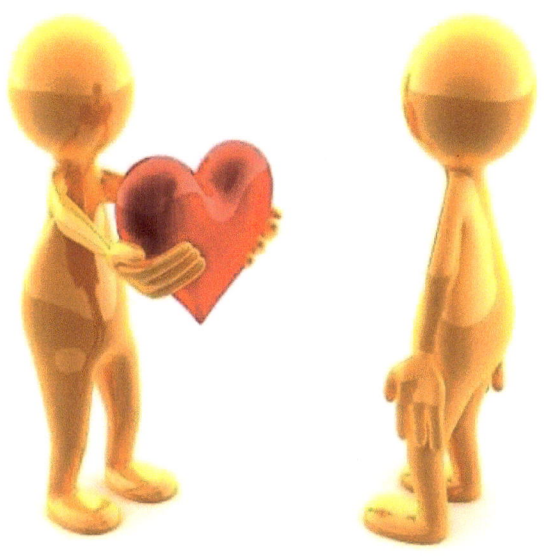

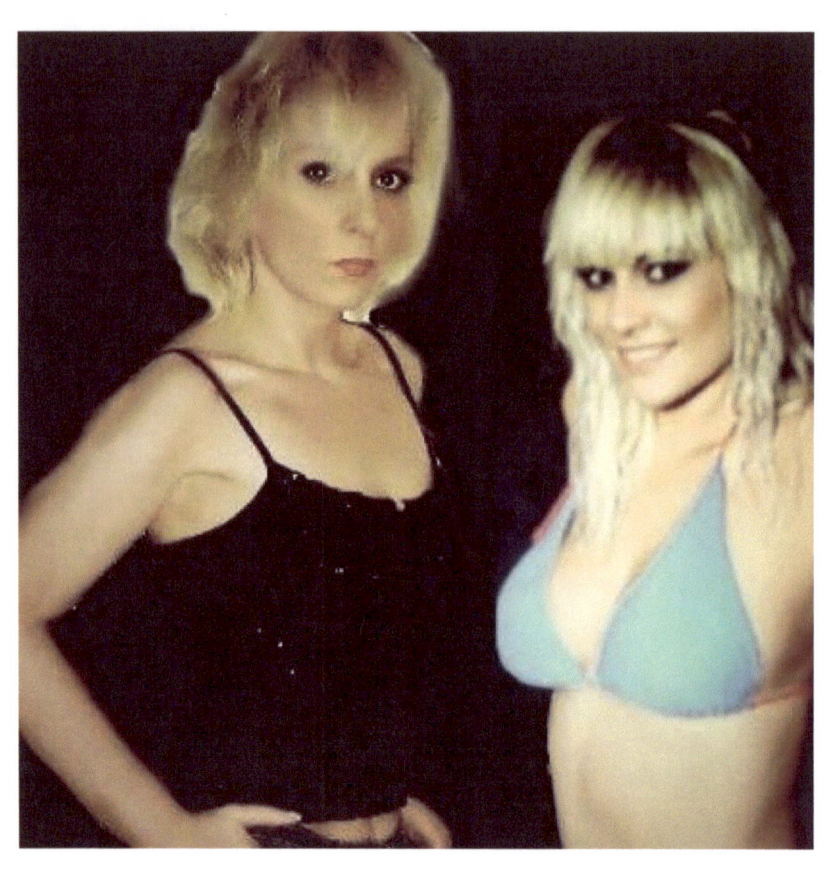

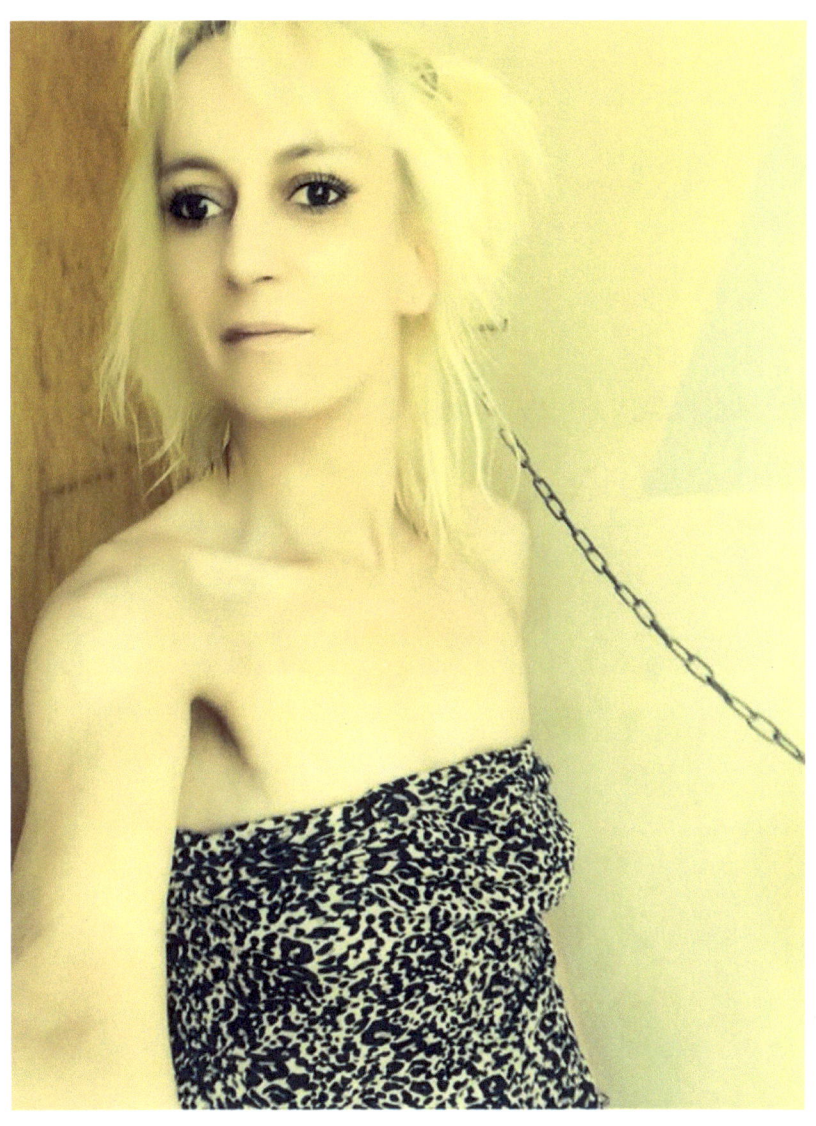

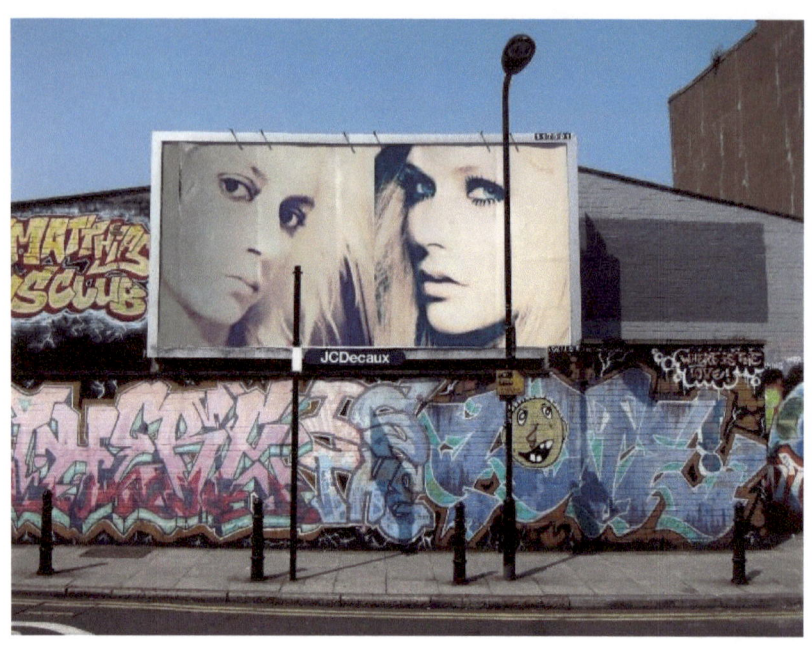

www.ingramcontent.com/pod-product-compliance
Lightning Source LLC
Chambersburg PA
CBHW040920180526
45159CB00002BA/549